Farbbildreise durch die Pfalz
A la découverte du Palatinat
Pictorial Trip in Colours through the Palatinate

Barbara Titz

Farbbild-Reise

ZIETHEN-PANORAMA VERLAG

ISBN 3-921268-06-0

© Copyright: 1993 by
ZIETHEN-PANORAMA VERLAG
53902 Bad Münstereifel, Flurweg 15
Telefon: 0 22 53 / 60 47
2. Auflage 1994

Redaktion und Gestaltung: Horst Ziethen
Redaktionelle Beratung: Barbara Chr. Titz

Text: Barbara Chr. Titz

Englische Übersetzung: Miriam Magall
Französische Übersetzung: France Varry

Gesamtherstellung:
ZIETHEN-Farbdruckmedien GmbH
Unter Buschweg 17, 50999 Köln

Printed in Germany

FARBAUFNAHMEN	SEITE:
Barbara Chr. Titz	13 14, 15, 18, 20, 21, 22, 24, 25, 26, 27, 28, 32, 34 35, 36, 38, 39, 40, 41, 42 u. Rücktitel, 46, 48, 51, 53, 55, 61, 63, 64, 65, 66, 67, 71, 72
Bildarchiv Kinkelin	9, 23, 29, 37, 43, 47, 58, 59, 60, 68, 69
Michael Jeiter	30, 33, 45 u. Titel, 52,54, 56, 57, 62
Bildarchiv Helga Lade	7, 10, 11, 12, 17
Hans-Peter Merten	19, 31, 50,
Bildarchiv Huber	16
Werner Otto	44
Fritz Mader	8
Elsässer Luftbild, Stuttgart	49
Deutsche Luftbild, Hamburg	70

PFALZ-KARTEN

Vorsatz: Ausschnitt aus der Faltkarte „Die Deutsche Weinstraße" Copyright by Meininger Druck GmbH
Nachsatz: Historisches Museum der Pfalz, Speyer

FARBBILDREISE DURCH DIE PFALZ

„Am deutschen Strom, am grünen Rheine, ziehst du dich hin, o Pfälzer Land ... Es nickt von deinen sanften Hügeln die Rebe mir im Sonnenstrahl, es lockt das Grün mich deiner Wälder, der Fluren Pracht in jedem Tal ... und Andacht und Begeisterung flüstern: O Pfälzer Land, wie schön bist du." So wurde die Pfalz im vergangenen Jahrhundert im „Pfälzer Lied" von Eduard Jost beschrieben.

Mit der Pfalz, einem Teil des Bundeslandes Rheinland-Pfalz, sind untrennbar Assoziationen wie Wein, Weinstraße, blühende Mandelbäume, Feigen, Urlaubs- und Erholungsregion verbunden. Das Landschaftsbild entlang der Deutschen Weinstraße wird geprägt durch das größte zusammenhängende Weinanbaugebiet Deutschlands und den Pfälzerwald.

Von März bis Oktober vergeht kein Wochenende, an dem nicht in einem oder mehreren Ortschaften entlang der Weinstraße und in der Umgebung fröhliche Weinfeste stattfinden. Dabei werden Pfälzische Spezialitäten aus Küche und Keller aufgetischt. Viele Besucher aus nah und fern, die einmal ein solches Fest besucht haben, kehren immer wieder hierher zurück. Die Gastfreundschaft und Kontaktfreudigkeit der Pfälzer tut ein übriges, um ein solches Fest zu einem Erlebnis besonderer Art werden zu lassen.

Der Name Pfalz entwickelte sich aus den „Pfalzen", mittelalterlichen Herrschaftssitzen. Die „Pfalzgrafen" nahmen früher wichtige Verwaltungs- und Rechtsprechungsaufgaben wahr.

Die Grenzen der Pfalz sind weniger geographisch entstanden als vielmehr durch die bewegte und lange Geschichte geprägt worden. Im Westen bildet das Saarland die Grenze, im Süden Frankreich. Im Osten ist der Rhein eine natürliche Begrenzung, im Norden bildet das Nordpfälzer Hügelland den Abschluß der Pfalz.

Das Land wird bewohnt von den Pfälzern, einem lebensfrohen und vom Wein geprägten Menschenschlag. In ein Schema pressen läßt sich der typische Pfälzer nicht; zu viele Völker haben ihn im Laufe der Jahrhunderte beeinflußt, zu sehr unterscheiden sich die Vorder- von den Hinterpfälzern. Die Pfälzer tun sich hervor durch ihre Gastfreundlichkeit und Geselligkeit. Sitzt man als Fremder in froher Runde, kann es passieren, daß man einen Pfälzer Schoppen, ein Halbliterglas gefüllt mit Wein, zugeschoben bekommt und so in die Runde mit einbezogen wird. Die Pfälzer erfahren gerne Geschichten von anderen und teilen sich selbst anderen gerne mit. Wegen ihrer Derbheit und ihrer nicht zu überhörenden Sprache nennen sie sich selbst „Pfälzer Krischer", Pfälzer Kreischer. Eine Steigerung erfährt dieser Ausdruck noch

A LA DÉCOUVERTE DU PALATINAT

«Le long du fleuve allemand, le long du Rhin verdoyant, tu t'étends, ô Palatinat...La vigne me salue depuis tes collines douces; tes forêts verdoyantes, la nature somptueuse de tes vallées m'appellent... et l'émotion et la joie chuchotent: Que tu es beau, pays palatin.» C'est ainsi qu'au siècle dernier, Eduard Jost décrivait le Palatinat dans la «Chanson palatine».

Vigne, Route du Vin, amandiers en fleurs, figuiers, repos, vacances sont des images qu'on ne peut dissocier du Palatinat, une région du Land Rhénanie-Palatinat. La région viticole la plus étendue d'un seul tenant en Allemagne et la Forêt du Palatinat (Pfälzerwald) créent les paysages de la Route allemande du Vin.

De mars à octobre, chaque week-end ramène une fête viticole dans une ou plusieurs communes de la Route du Vin. Les spécialités palatines de la cuisine et de la cave y sont à l'honneur. De nombreux visiteurs, venus de près ou de loin, qui ont une fois participé à une de ces fêtes, y reviennent toujours. Elles offrent des moments inoubliables, notamment grâce à l'hospitalité et l'ouverture d'esprit de la population du Palatinat.

Le nom Palatinat découle des «palais», résidences des seigneurs féodaux. Autrefois, les «comtes palatins» étaient revêtus d'offices importants administratifs et juridiques. Les frontières du Palatinat ont davantage été créées par l'histoire longue et mouvementée du pays que par sa géographie. La Sarre le délimite à l'Ouest et la France au Sud. Le Rhin est sa frontière naturelle à l'Ouest tandis les collines palatines le ferment au Nord.

Les habitants du Palatinat sont une souche d'hommes aimant la vie, partageant la mentalité des régions où l'on cultive le vin. Il serait difficile de définir l'habitant typique du Palatinat; trop de peuples l'ont influencé au cours des siècles; il diffère trop selon l'endroit de la province d'où il vient. Mais tous sont accueillants et très sociables. Au café, il n'est pas rare qu'une compagnie joyeuse intègre un étranger après lui avoir offert une chope palatine, consistant en un demi-litre de vin. Les habitants du Palatinat sont très ouverts, ils parlent volontiers d'eux et sont curieux des autres. Conscients de leurs manières directes et de leur parler, haut et fort, ils se nomment eux-mêmes les «Palatins criards». Une définition à laquelle le baron von Knigge donne encore un peu plus de poids: «ils crient dans un tel dialecte qu'on ne sait pas vraiment s'ils parlent allemand.»

Le Palatinat est le berceau de nombreux hommes célèbres. Le philosophe Ernst Bloch, professeur

PICTORIAL TRIP IN COLOURS THROUGH THE PALATINATE

"Along the German river, alongside the green Rhine, that's where you can be found, oh, my Palatinate... From gentle hills vines beckon in the sun, green forests spread invitingly, and lush valleys wherever you look... and in devotion and enthusiasm something whispers: Oh, my Palatinate, how beautiful you are." This is how Eduard Jost described the Palatinate in his "Song of the Palatinate" in the last century.

Wine, the Weinstraße, almond trees in bloom, figs, holidays and recreation — these are the associations conjured up by the name Palatinate which is part of the state of Rhineland-Palatinate. The landscape along the German Weinstraße is characterized by the most extensive and continuous wine growing area of Germany and the Pfälzerwald.

There is hardly a weekend between March and October without a gay wine festival taking place at one or more places along the wine road, with tables carving in under the load of local specialities offered. Many a visitor from afar and from not so far will keep returning after having sampled such merriment. Hospitality and openness of the Palatines contribute to making such a festival a very special event.

The name Palatinate is derived from the medieval palaces which were the seat of a "count palatine" who was entrusted with important tasks in administration and the dispensation of justice in the past. The boundaries of the Palatinate are not the result of geography, but were rather defined by a varied and long history. The Saarland borders it to the west, France in the south. The Rhine draws a natural border in the east, and in the north the Palatinate is closed off by the Northern Palatine Hills.

The inhabitants of the country are called Palatines, a vivacious people influenced by the wine they grow. It is impossible to point to the typical Palatine; far too many peoples have left their imprint in the course of the centuries, and there are far too many differences between the people of the Upper and the Lower Palatinate. Hospitality and sociability are, however, the special marks of all Palatines. A merry party might place half a pint of wine, a so-called Palatine "Schoppen", in front of a stranger thus making him part of themselves. The Palatines love to hear stories from visitors and they are not shy to talk about themselves. Because of their earthiness and their typical speech they call themselves Palatine screechers, "Pfälzer Krischer". Freiherr von Knigge further sharpened their self-definition by the following words: "They screech in a dialect of

durch das Zitat des Freiherrn von Knigge: „Sie schreien in einer Mundart, von der man nicht recht weiß, ob man sie für deutsch halten soll."

Viele berühmte Persönlichkeiten stammen aus der Pfalz. Ernst Bloch, der als Philosoph vor allem in Tübingen gewirkt hat, wurde in Ludwigshafen geboren. Georg Michael Pfaff lebte von 1823 bis 1893 in Kaiserslautern, war Unternehmer und gründete die Pfaff Nähmaschinen-Werke. Georg von Neumayer wurde 1826 in Kirchheimbolanden geboren und wurde als Polarforscher bekannt.

Die Pfalz hat eine wechselvolle Geschichte hinter sich. Sie begann schon früh. Wie Knochenfunde belegen, waren in der Pfalz bereits zur Zeit der Zwischeneiszeiten (400 000 und 200 000 v. Chr.) Spuren von Leben zu finden. Für den Menschen boten sich günstige klimatische Bedingungen. So ist es zu erklären, daß in der Umgebung des nahen Heidelberg einer der ältesten Beweise für menschliches Leben überhaupt gefunden wurde.

Aus der Bronzezeit stammt der goldene Hut, dessen genaue Bedeutung jedoch ungeklärt ist. Wahrscheinlich war er ein kultisches Symbol aus dem 12. Jahrhundert v. Chr.. Er wird im historischen Museum in Speyer aufbewahrt.

Bereits im 2. Jahrhundert v. Chr. traf man in der Pfalz auf städtische Ansiedlungen. Über 500 Jahre war das linksrheinische Gebiet unter Herrschaft des Heiligen Römischen Reiches Deutscher Nation. Dieses Gebiet zählte zur Provinz Ostgermanien mit der damaligen Hauptstadt Mainz. Nach dem Untergang des Heiligen Römischen Reiches geriet die Pfalz unter fränkische Herrschaft und wurde in dieser Zeit auch christianisiert. Viele Klöster entstanden. In der Zeit der Salier (1024 bis 1125) und der Staufer (1138 bis 1254) war die Pfalz eines der Kerngebiete kaiserlicher Herrschaft. Der Speyerer Dom, eine Gründung der Salier, wurde zur Grabstätte von Kaiser und Königen. Auf der Burg Trifels wurden zur Zeit der Staufer die Reichskleinodien verwahrt. Reichsapfel, Zepter und Krone waren die äußeren Zeichen kaiserlicher Macht.

Nach Verfall der kaiserlichen Macht litt die Pfalz unter den nachfolgenden Herrschern. Während des 30jährigen Krieges (1618 bis 1648) und dem darauffolgenden Pfälzischen Erbfolgekrieg (1688 bis 1697) wurden große Teile des Landes zerstört. Gegen Ende des 18. Jahrhunderts geriet die ganze Region unter die Herrschaft Frankreichs. Die Fremdregierung brachte der Pfalz auch die Fortschritte der französischen Revolution.

Nach der Niederlage Napoleons im Jahre 1815 kam es zur Neuordnung Europas. große Teile der Pfalz fielen durch Beschluß des Wiener Kongresses

réputé ayant notamment enseigné à Tübingen, est né à Ludwigshafen. Georg Michael Pfaff, qui a vécu de 1823 à 1893 à Kaiserslautern, était industriel et le fondateur de l'usine de machines à coudre Pfaff. Georg von Neumayer, né en 1826 à Kirchheimbolanden, devint un explorateur polaire célèbre.

Le Palatinat a connu une histoire mouvementée qui a commencé très tôt. On a trouvé des os dévoilant l'existence de traces de vie dès le deuxième interglaciaire, entre 400 000 et 200 000 avant Jésus-Christ. Les conditions climatiques étaient favorables aux hommes. C'est ainsi qu'on peut expliquer la découverte d'une des plus anciennes preuves de vie humaine dans les environs de Heidelberg.

Le Musée historique de Spire (Speyer) abrite le «chapeau d'or», datant de l'âge du bronze. On n'en connaît pas la signification exacte, mais il était sans doute un symbole du culte au 12e siècle avant Jésus-Christ.

Des agglomérations urbaines existaient déjà au Palatinat au 2e siècle avant Jésus-Christ. La région sur la rive gauche du Rhin resta sous la domination du Saint Empire romain germanique pendant plus de 500 ans. Cette région faisait partie de la province de Germanie orientale dont la capitale était Mayence. Après la chute du Saint Empire, le Palatinat se retrouva sous domination franque et fut christianisé à cette époque. De nombreux cloîtres furent fondés. Au temps des Saliens (1024 à 1125) et des Staufen (1138 à 1254), le Palatinat était une des provinces principales de l'empire. La cathédrale de Spire, fondée par les Saliens, devint la dernière demeure de nombreux empereurs et rois. A l'époque des Staufen, le château de Trifels abritait les joyaux royaux. Le globe impérial, le sceptre et la couronne étaient les insignes du pouvoir impérial.

Le Palatinat souffrit sous les différents successeurs qui arrivèrent après le déclin de la puissance impériale. La guerre de Trente ans (1618 à 1648) et les guerres de succession ultérieures (1688 à 1697), détruisirent de grandes parties du pays. La région entière se retrouva sous la domination française vers la fin du 18e siècle. Le gouvernement étranger apporta également au Palatinat les progrès de la révolution française.

L'Europe se dessina de nouveau après la chute de Napoléon en 1815. Un grand morceau du Palatinat revint à la Bavière après le Congrès de Vienne en 1814/1815. Mais les citoyens du Palatinat voulaient conserver les progrès apportés par les Français. Cela déclencha de nouveaux troubles qui atteigni-

which one is not quite sure whether to consider it German."

Many a famous personality originates from the Palatinate. Ernst Bloch, a philosopher active mainly in Tübingen, was born at Ludwigshafen. Georg Michael Pfaff, an entrepreneur who founded the Pfaff sewing machine company, lived in Kaiserslautern from 1823 until 1893. Georg von Neumayer, born at Kirchheimbolanden in 1826, was to become a renowned arctic explorer.

The history of the Palatinate, which starts at an early date, is varied. Bones found here show that traces of life go back to such an early date as the time between the last two glacial epochs (400,000 and 200,000 B.C.) There were favourable climatic conditions where man could develop, that is why one of the oldest proofs of human life anywhere was found in the vicinity of Heidelberg.

A golden hat, the purpose of which has not yet been clarified, is a relict of the Bronze Age. It was probably used in some kind of cult around the 12c B.C. At present it can be viewed at the Historical Museum of Speyer.

Urban settlements found in the Palatinate date from the 2c B.C. For over 500 years the area left of the Rhine was under the rule of the Holy Roman Empire of the German Nation. The territory was part of the East Germanic Province which had Mainz as its capital. After the fall of the Holy Roman Empire the Palatinate came under Frankish rule, and during this period it was christianized and many monasteries were built. At the time of the Salian dynasty (1024 to 1125) and the Staufer emperors (1138 to 1254) the Palatinate was considered the core of the imperial lands. Emperors and kings were buried at the Cathedral of Speyer founded by Salian emperors. The imperial treasures where kept at Trifels Castle at the time of the Staufer emperors, with crown, sceptre, and imperial orb representing the outer signs of imperial power.

After the decline of imperial power the Palatinate went through a bad period under the next rulers. In the Thirty Years' War (1618 to 1648) and the Palatine War of Succession (1688 to 1697) the country was largely destroyed. Towards the end of the 18c the whole region came under French rule, foreign rule bringing the progress of the French Revolution to the Palatinate. After the defeat of Napoleon in the year 1815 a new European order was created. According to the decisions of the Congress of Vienna in 1814/1815 large chunks of the Palatinate were given to Bavaria. The inhabitants, however, wanted to keep the progress

1814/1815 Bayern zu. Die Pfälzischen Bewohner wollten die Fortschritte, die sie unter französischer Herrschaft gewonnen hatten, jedoch beibehalten. Dadurch entstanden neue Unruhen. Sie gipfelten 1832 in der Versammlung von etwa 30 000 Menschen am Hambacher Schloß. Das Volk forderte mit Nachdruck bürgerliche Freiheit und eine nationale, deutsche Republik. Hierbei wurden auch erstmals die bis dahin verbotenen Nationalfarben Schwarz, Rot und Gold offen getragen. Der Aufstand wurde gewaltsam beendet. Das Land kam daraufhin lange Zeit nicht mehr zur Ruhe. Aufrührerische Bewegungen hielten an. Sie gipfelten in der Revolution von 1848/1849. Auch dieser Aufstand wurde niedergeschlagen. Nur langsam legten sich die Wirren.

Gegen Ende des 19. Jahrhunderts profitierte die Pfalz von der Industrialisierung. Neue Verkehrswege und Eisenbahnstrecken entstanden. Vor allem die Stadt Ludwigshafen entwickelte sich. Die Aufwärtsbestrebungen wurden mit dem Ersten Weltkrieg jäh beendet. Die Besetzung des Rheinlandes, die Inflation und die damalige Weltwirtschaftspolitik setzte der Pfalz sehr zu.

Zu Beginn des Dritten Reiches besserten sich die äußeren Lebensbedingungen kurzfristig. 1945 wurde die gesamte Pfalz von amerikanischen und französischen Truppen besetzt.

Nach dem 2. Weltkrieg wurde die Pfalz 1947 Teil des Bundeslandes Rheinland-Pfalz. Dieses Land wuchs im Laufe der Jahre zusammen. Die Pfälzer konnten sich mit ihrem neuen Bundesland identifizieren. Aus dem ehemals recht armen Land entwickelte sich ein angesehener Teil Deutschlands.

Die Pfälzer sind ein lebenslustiges Volk. Feste werden bei ihnen groß geschrieben. Nicht nur die Weinfeste bieten Anlaß zum Feiern. In Landau rollen beim Blumenkorso blumengeschmückte Motivwagen durch die Straßen. In Billigheim-Ingenheim findet der Purzelmarkt statt mit Reitturnieren und Wettkämpfen, die auf mittelalterliche Spiele zurückgehen. Beim Erlebnistag Deutsche Weinstraße wird die Weinstraße einen Tag lang für den Autoverkehr gesperrt und ganz den Radfahrern und Fußgängern überlassen. Alte heidnische Bräuche bilden den Ursprung für die „Winterverbrennung" und das „Stabauslaufen", mit denen symbolisch das Ende des Winters und der Einzug des Frühlings gefeiert wird. Und beinahe jeder Ort feiert ein- oder sogar mehrmals im Jahr Kerwe, ein fröhliches und ausgelassenes Fest.

„Ja, schön bist du, oh Fleckchen Erde, am deutschen Strom, am grünen Rhein... Und find' ich einst in deinem Schoße o Pfälzer Land die sel'ge Ruh', dann ruf' ich mit dem letzten Hauche: O Pfälzer Land, wie schön bist du."

rent leur paroxysme en 1832, à une assembléede quelque 30 000 personnes au château de Hambach. La population exigea la liberté des citoyens et une république nationale allemande. Le drapeau aux couleurs nationales noir, rouge, or, jusque là interdit, fut hissé pour la première fois. La révolte fut violemment réprimée et le pays ne connut plus la paix pendant longtemps. Des mouvements insurrectionnels constants se terminèrent par la révolution de 1848/1849. Elle fut également étouffée, mais la paix ne se rétablit que lentement.

Le Palatinat profita de l'industrialisation à la fin du 19e siècle. De nouvelles routes et des lignes de chemins de fer furent créées. La ville de Ludwigshafen connut notamment un développement important. Mais la première guerre mondiale interrompit brutalement l'essor de la région. L'occupation de la Rhénanie, l'inflation et la politique économique de l'époque firent subir une grande régression au Palatinat. Les conditions de vie extérieures s'améliorèrent pour un certain temps au début du troisième Reich. En 1945, les troupes françaises et américaines occupèrent la totalité du Palatinat.

En 1947, le Palatinat devint une partie du «Land» Rhénanie-Palatinat qui se souda au cours des années. Les habitants du Palatinat se sont identifiés à leur nouveau «Land». La région autrefois très pauvre, occupe aujourd'hui une place de choix en Allemagne.

Les habitants du Palatinat sont un peuple aimant la vie. Les fêtes sont nombreuses chez eux et ils ne célèbrent pas seulement des fêtes du vin. Des chars aux scènes façonnées avec des fleurs défilent dans les rues durant le Corso fleuri de Landau. Le «Purzelmarkt», avec des tournois et jeux remontant au moyen-âge, se déroule chaque année à Billigheim-Ingenheim. A l'occasion du grand événement de la Fête allemande du Vin, la Route du vin est fermée pour un jour à la circulation routière; on ne peut s'y promener qu'à pied ou à bicyclette. De vieilles coutumes païennes sont à l'origine de la «Winterverbrennung» et du «Stabauslaufen», deux fêtes symbolisant la fin de l'hiver et l'arrivée du printemps. Finalement, presque toutes les communes invitent, souvent plus d'une fois par an, à la «Kerwe», une foire joyeuse et colorée.

«Oui, tu es beau, petit coin de terre, sur le fleuve allemand, le Rhin vert...et si un jour je trouve la paix éternelle dans ton giron, ô pays palatin, mon dernier soupir sera pour dire: Que tu es beau, Palatinat.»

which French rule had brought them. That was the reason for repeated unrest which culminated in about 30 000 people gathering at Hambach Castle. They firmly requested freedom for the citizens and a national German republic. For the first time the national colours black, red and gold which had been suppressed until then were openly shown. The uprising was violently suppressed, but the country did not enjoy quiet for a long time, because rebellious movements continued the strife. They exploded in the revolution of 1848/49, but this uprising was suppressed, too. Unrest settled very gradually.

Towards the end of the 19c industrialization came to the Palatinate. New roads and railways to improve communications were built. The city of Ludwigshafen in particular saw much development. World war I put, however, a sudden end to this progress. The Palatinate suffered a lot from the occupation of the Rhineland, inflation, and international economic politics. At the start of the Third Reich conditions improved temporarily. In 1945, the whole of Palatinate was occupied by American and French troups.

After World war II, in 1947, the Palatinate became part of the state of Rhineland-Palatinate, with the passing of time growing closer. The inhabitants were able to identify with their new federal state, and the rather poor country developed to become a respected part of Germany.

As a people the Palatines have a zest for life loving nothing better than festivals which are not restricted to wine festivals. Flower parades are organized at Landau with cars decorated with different motives made of flowers rolling through the streets. At Billigheim-Ingenheim a so-called "Purzelmarkt" is held with horse shows and competitions harking back to medieval entertainment. Once a year the Weinstraße is closed to vehicular traffic a whole day long leaving it to cyclists and pedestrians only. Both the "burning of the winter" and "Stabauslaufen", symbolically celebrating the end of the winter and the beginning of spring, originate in old pagan customs. And once a year or several times, practically each place invites to its "Kerwe", a cheerful, boisterous fair.

"Yes, you are beautiful, oh, country along the German river, alongside the green Rhine... And when, once upon a time I'm laid to my final rest in your bosom, oh, Palatine country, then I shall call with my last breath: Oh, my Palatinate, how beautiful you are!"

Unsere Rundreise durch die Pfalz beginnen wir in der Dom- und Kaiserstadt Speyer. Mit ihrer über 2000 jährigen Geschichte gehört die Stadt zu den ältesten Siedlungen Deutschlands. Speyer liegt am Rhein. Mit seinem milden Klima und dem fruchtbaren Boden bietet dieses Gebiet optimale Bedingungen für den Anbau von Obst, Gemüse und Tabak. Die bedeutendste Sehenswürdigkeit Speyers ist der im Jahre 1061 geweihte Dom. Im benachbarten Historischen Museum der Pfalz ist unter anderem der Domschatz zu sehen.

Notre périple à travers le Palatinat commence dans la ville impériale et évêché de Spire (Speyer). Fondée il y a plus de 2000 ans, la ville sur le Rhin est une des plus anciennes agglomérations d'Allemagne. Grâce à son climat doux et son sol fertile, cette région réunit des conditions idéales pour la culture des fruits, des légumes et du tabac. La cathédrale (Dom), inaugurée en 1061, est le monument principal de Spire. Juste à côté, le Musée historique du Palatinat renferme, entre autres, le trésor de la cathédrale.

Our round trip through the Palatinate starts at Speyer, imperial city with a cathedral. The city, situated on the Rhine, can look back on 2000 years of history, which makes it one of the oldest places of Germany. Thanks to its mild climate and fertile soil the area is optimal for growing fruit, vegetables, and tabacco. The most important sight of Speyer is the cathedral which was dedicated in 1061. The neighbouring Historical Museum of the Palatinate also houses the treasury of the cathedral.

Zwischen dem Dom und dem Altpörtel, einem mittelalterlichen Torturm, erstreckt sich heute die Maximilianstraße mit ihren Bürgerhäusern, Geschäften und Cafés. Auf dieser Straße zogen einst die Kaiser und Könige zum Dom. Der romanische Dom mit seinen Türmen ist aus Sandsteinquadern gebaut. Sein Inneres ist eher schlicht gehalten. Vor dem Eingangsportal mit Figurenreliefs aus Bronze steht der „Domnapf", ein Sandsteinbecken aus dem Jahr 1490. Er wurde früher bei festlichen Anlässen für das Volk mit Wein gefüllt.

Bordée de maisons patriciennes, de magasins et de cafés, la Maximilianstrasse s'étend entre la cathédrale et l'Altpörtel, une tour-porte médiévale. Autrefois, les empereurs et rois empruntaient cette rue pour se rendre à la cathédrale. L'édifice roman, bâti en grès, a un intérieur plutôt sobre. Devant le portail principal aux reliefs en bronze, se dresse le «Domnapf», une fontaine en grès datant de 1490. Autrefois, on la remplissait de vin, pour la population, à l'occasion de fêtes.

Maximilianstraße, flanked by burghers' houses, shops and cafés, runs from the cathedral to the "Altpörtel", a medieval gate tower. Emperors and kings took this street to the cathedral. The Romanesque cathedral and the towers are built from sandstone, its interior is quite unpretentious. The "Domnapf", a sandstone basin from the year 1490, is found in front of the entrance portal, which has got figurative bronze reliefs. It was filled with wine for the people on festivities.

Ludwigshafen ist eine sehr junge Stadt – erst Mitte des vorigen Jahrhunderts erhielt sie ihre Stadtrechte. Den Namen gab ihr König Ludwig I. von Bayern, als die Pfalz unter bayerischer Herrschaft stand. Seine Entstehung verdankt Ludwigshafen einem linksrheinischen Brückenkopf, der Teil der Mannheimer Festung Friedrichsburg war. Hier entstand ein wichtiger Handelsplatz. Ludwigshafen ist heute eine moderne Großstadt und hat sich als „Chemiestadt" einen Namen gemacht.

Ludwigshafen est une ville très jeune, qui n'a reçu ses droits de ville qu'au milieu du siècle dernier. Le roi Louis 1. de Bavière lui a donné son nom lorsque le Palatinat était sous domination bavaroise. Ludwigshafen doit sa fondation à une tête de pont sur la rive gauche du Rhin qui était une partie de la forteresse Friedrichsburg de Mannheim. Un centre de commerce important fut créé à cet endroit. Ludwigshafen est aujourd'hui une ville moderne et un centre important d'industrie chimique.

Ludwigshafen is a very recent city, being chartered only in the middle of last century. It was named after King Louis I of Bavaria when the Palatinate was under Bavarian rule. Ludwigshafen, formerly a bridgehead on the left bank of the Rhine and as such part of the Friedrichsburg Fortress of Mannheim, developed into an important commercial place. Today, Ludwigshafen is a modern city known above all for its chemical industry.

Brücken verbinden Ludwigshafen und Mannheim. Der Rhein bildet auch die Grenze zwischen den Bundesländern Rheinland-Pfalz und Baden-Württemberg. Die Brücken und die großzügig angelegten Hochstraßen der Stadt sind Beispiele moderner Architektur. Bekannt ist auch die farbenfrohe Außenwand aus Keramik des Wilhelm-Hack-Museums, die von Joan Miró gestaltet wurde.

Des ponts relient Ludwigshafen et Mannheim. Le Rhin forme la frontière entre les Länder Rhénanie-Palatinat et Bade-Wurtemberg. Les pont et les voies surélevées admirablement aménagées, sont deux beaux exemples d'architecture moderne. Une autre curiosité intéressante est le mur coloré en céramique du musée Wilhelm-Hack, œuvre de Joan Miró.

Ludwigshafen and Mannheim are connected by bridges, the Rhine marking the border between the federal states of Rhineland-Palatinate and Baden-Württemberg. Both the Bridges and the ample fly-overs of the city are fine examples of modern architecture. The colourful exterior ceramic wall of the Wilhelm-Hack Museum, created by Joan Miró is another landmark.

Wie endlose Lichterketten leuchten am Abend die Autoscheinwerfer von den Hochstraßen. Viele Pendler verlassen nach der Arbeit die Stadt und fahren in die großzügig angelegten Wohngebiete am Stadtrand oder in ihre Wohnorte in der Rheinebene und entlang des nahen Pfälzerwaldes. Frankenthal, vor den Toren Ludwigshafens gelegen, ist eine schon alte Stadt. Das Speyerer Tor, ein ehemaliges Stadttor, ist erhalten geblieben.

Les phares des voitures éclairent les voies surélevées d'une chaîne de lumière infinie. Un grand nombre de gens quittent la ville après le travail pour retourner vers les vastes quartiers d'habitations construits à la périphérie ou vers les agglomérations urbaines parsemées dans la plaine du Rhin et le long de la Forêt du Palatinat. Frankenthal, aux portes de Ludwigshafen, est une ville déjà ancienne. La Porte Speyer, ancienne porte de la ville, est très bien conservée.

Car lights on the fly-overs form an endless illuminated chain. Many commuters leave the city after work to go home to spacious residential areas on the outskirts or to places in the Rhine Valley and along the Pfälzerwald nearby. Frankenthal, squatting next to Ludwigshafen, is an old town with its former town gate, Speyerer Tor, still intact.

Frankenthal wurde bereits 772 erstmals erwähnt. 1119 wurde es weithin bekannt durch die Gründung eines Augustiner-Chorherrenstifts. Tuchmacherei, Gobelinweberei, Gold- und Silberschmiedekunst sorgten für den Aufschwung der Stadt. Im 17. Jahrhundert wurde Frankenthal zu einer starken Pfälzischen Festung ausgebaut, 1689 aber dennoch zerstört. Die Stadt wurde wiederaufgebaut. Mitte bis Ende des 18. Jh. blühte die Frankenthaler Porzellanmanufaktur. Heute ist Frankenthal ein aufstrebender Industriestandort.

Frankenthal est mentionnée pour la première fois en 772. Elle se développa avec la fondation d'une abbaye des Augustins en 1119. Des manufactures de drap et de tapisserie, la fabrication d'orfèvrerie d'or et d'argent, lui apportèrent la prospérité. Frankenthal fut transformée au 17e siècle en ville fortifiée palatine, mais détruite en 1689. Reconstruite de nouveau, elle fut réputée pour sa manufacture de porcelaine qui exista du milieu à la fin du 18e siècle. Aujourd'hui, Frankenthal est une ville industrielle en plein essor.

The first mention of Frankenthal dates from 772, becoming known more widely in 1119 thanks to the foundation of the Augustinian Canon there. The town owes its upswing to clothworking, tapestry workshops as well as gold and silver work. In the 17c, Frankenthal became a fortified Palatine town, but it was destroyed in 1689, to be rebuilt soon afterwards. From the middle to the end of the 18c, china production bloomed at Frankenthal. Today, Frankenthal is a growing industrial town.

Worms ist eine geschichtsträchtige Stadt. Eine Stadt, die sich mit der Nibelungen-Sage verbindet. Das Gebiet der heutigen Stadt war von Kelten und später von den Römern besiedelt. 1521 sprach Martin Luther vor dem Reichstag die viel zitierten Sätze: „Hier stehe ich, ich kann nicht anders. Gott helfe mir. Amen."

Worms a un grand passé historique. Elle est le berceau des «Nibelungen». Le territoire de la ville actuelle a d'abord été colonisé par les Celtes, puis par les Romains. En 1521, Martin Luther prononça devant la Diète ces phrases devenues célèbres: «Je suis ici, je ne peux pas faire autrement. A la grâce de Dieu. Amen.»

Worms, formerly home to the Nibelungen, is a city laden with history. The area of the present city was settled first by the Celts, later by the Romans. It was here that Martin Luther pronounced his famous words before the Imperial Diet in 1521: "Here I stand, I cannot do otherwise. So help me God, amen."

Wormser Dom

Der spätromanische Dom St. Peter ist die größte Sehenswürdigkeit in Worms. Er wurde im 12. Jh. erbaut. Beeindruckend sind vor allem der Hochaltar von Balthasar Neumann sowie die Skulpturen am Ostchor und am Südportal. Im nahegelegenen Judenfriedhof stehen noch Grabsteine aus dem 11. Jahrhundert.

Cathédrale de Worms

La cathédrale Saint-Pierre, bâtie au 12e siècle en style roman tardif, est le monument le plus important de Worms. Particulièrement impressionnants sont le maître-autel de Balthasar Neumann et les sculptures du choeur Est et du portail Sud. Situé à proximité, le cimetière juif, l'un des plus anciens d'Europe, renferme des tombes datant de 11e siècle.

The Cathedral of Worms

The most important sight of Worms is the late Romanesque St. Peter's Cathedral. Built in the 12c, the high altar by Balthasar Neuman and the sculptures both of the east choir and the south portal are especially impressive. The Jewish cemetary close by has got tombstones from the 11c.

Am letzten Augustwochenende findet während des „Backfischfestes" das traditionelle „Wormser Fischerstechen" auf der Kisselwiese am Rheinufer statt. Während des „Backfischfestes" wird natürlich mit Vorliebe gebackener Fisch gegessen – getreu dem Wormser Lied: „Ein Backfisch gebraten, ein Backfisch geküßt...". Auf einem Rheinarm finden Wettkämpfe statt, bei denen ein Teilnehmer den anderen mit einer langen Stange von einem Kahn aus ins Wasser stoßen muß. In Alzey sind die Fachwerkhäuser am Roßmarkt sehenswert.

En août, les joutes de Worms appelées «Fischerstechen», ont lieu sur les rives du Rhin durant la «Backfischfest» (fête des jouvencelles). Le poisson cuit au four y est à l'honneur, comme dans une chanson de Worms: «enfourner un poisson, embrasser un tendron...» (en allemand, backfisch = poisson ou demoiselle). Les joutes sur l'eau se déroulent sur un bras du Rhin: les concurrents essaient de se faire tomber dans le fleuve à l'aide de perches. Des maisons à colombages entourent la place du Rossmarkt à Alzey.

The traditional competition between fishermen takes place by the Kisselwiese on the banks of the Rhine at the "Backfisch" festival. Fried fish is, of course, popular at this festival of the same name which, in German, means, however, also a teenage girl according to an old song: "Fry a fish, kiss a teenage girl..." On one arm of the Rhine participants in a competition try to throw their opponent from his boat into the water using a long pole. At Alzey the half-timbered houses on the Roßmarkt are worth a look or two.

Vor 2000 Jahren erbauten die Kelten auf dem Donnersberg eine 7 km lange Schutzmauer aus Holz und Stein. Reste dieser Befestigungsanlage liegen heute noch im Wald verborgen und können auf Wanderungen „entdeckt" werden. Am „Keltenweg", einem beliebten Wanderweg, wurde ein Teil der keltischen Befestigungsanlage rekonstruiert.

Il y a 2000 ans, les Celtes bâtirent une enceinte en bois et pierre de 7km de long sur le Donnersberg. Les randonneurs trouveront encore des vestiges de ce mur dans la forêt. Une partie de l'enceinte celte a été reconstituée au «Keltenweg», un sentier pédestre très fréquenté.

2000 years ago, the Celts built a 4.3 miles long protecting wall of wood and stone on the Donnersberg. Remains of these fortifications can still be found on a walk through the forest. On the "Keltenweg", a path popular with hikers, parts of the Celtic fortifications were reconstructed.

Der Name Donnersberg leitet sich vom germanischen Gott Donar ab, dem zu Ehren einst der höchste Berg der Pfalz geweiht wurde. Der Donnersbergkreis zählt zu den schönsten Feriengebieten der Pfalz. Die waldreiche Gegend ist ein beliebtes Wandergebiet. Vor allem im Herbst, wenn der Laubwald in bunten Farben leuchtet, bietet der 687 m hohe Berg schöne Ausblicke auf das Nordpfälzer Hügelland, die weite Rheinebene und die Höhenzüge des Odenwalds.

Le nom Donnersberg vient d'un dieu germanique, Donar, à qui on dédia autrefois le plus haut sommet du Palatinat. La région du Donnersberg est un des plus jolis endroits de villégiature du Palatinat. La contrée très boisée est fort appréciée des randonneurs. C'est surtout à l'automne, quand le feuillage prend mille couleurs, que le sommet du Donnersberg, haut de 687 mètres, offre des vues splendides sur le paysage de collines du Nord du Palatinat, sur la vaste plaine rhénane et sur les crêtes de l'Odenwald.

The name Donnersberg comes from the Teutonic god Donar who had the highest mountain of the Palatinate dedicated to him. The Donnersberg District is considered one of the loveliest resort areas of the Palatinate, the forests are popular with hikers. The view towards the rolling Northern Palatine Hills, the wide Rhine Valley, and the much higher Odenwald is beautiful from this 753 yd high elevation, especially in autumn when the deciduous forest glows in many colours.

Kirchheimbolanden ist das Zentrum des Donnersbergkreises. Es wird auch „Kleine Residenz" genannt. Dieser Name geht auf die Reichsfürsten von Nassau-Weilburg zurück, die hier einst ihre Residenz hatten. Das Ortsbild wird bestimmt durch die teilweise gut erhalten gebliebene Stadtbefestigung aus dem 14. Jh. mit ihren markanten Tortürmen. In der ehemaligen lutherischen Schloßkirche befindet sich eine Orgel von Johann Michael Stumm aus dem Jahr 1745. Auf ihr hat schon Wolfgang Amadeus Mozart gespielt.

Kirchheimbolanden est la ville principale du canton de Donnersberg. On l'appelle également «petite résidence» car les princes impériaux de Nassau-Weilburg y avaient leur résidence autrefois. L'enceinte bien conservée du 14e siècle, avec ses tours-portes impressionnantes, domine la physionomie de la localité. L'ancienne église luthérienne du château abrite un orgue de Johann Michael Stumm datant de 1745 sur lequel a joué Wolfgang Amadeus Mozart.

Kirchheimbolanden is the centre of the Donnersberg District, known also by the name "Little Residence" which goes back to the princes of Nassau-Weilburg who resided here once. Central to the place are the partially intact fortifications of the 14c which have got impressive gate towers. The formerly Lutheran palace church houses an organ by Johann Michael Stumm of the year 1745; Wolfgang Amadeus Mozart played it.

Das milde Klima der Pfalz fördert den Obstanbau. Selbst südländisch anmutende Feigen- und Mandelbäume gedeihen hier. Überall entlang der Weinstraße erblühen im zeitigen Frühjahr die Mandelbäume und nur wenig später stehen die Apfel-, Birn-, Kirsch- und Zwetschgenbäume in ihrem vollen Blütenschmuck.

Le climat doux du Palatinat est idéal pour la culture fruitière. Les figuiers et amandiers, que l'on rencontre normalement dans les régions méditerranéennes, poussent même ici. Tout au long de la Route du Vin, on peut voir des amandiers en fleurs au début du printemps et un peu plus tard, les pommiers, poiriers, cerisiers et pruniers dans toute leur beauté printanière.

The mild climate of the Palatinate is favourable to fruit growing with even exotic fig and almond trees flourishing. Everywhere along the Weinstraße almond trees in bloom can be seen early in spring, to be followed shortly afterwards by apples, pears, cherries and plums.

WEINORT
BILLIGHEIM
PURZELMARKT
SEIT 1450

August Becker Dorf Klingenmünter

WEINBAUORT
ESCHBACH
AM FUSSE DER MADENBURG

PATENSCHAFTEN
3000 Ltr.
Traminerdorf Rhodt
772 – 1972
grüßt seine Gäste
KRONACH FRANKEN · ST. INGBERT · VOUGEOT BURGUND

Dürkheimer Riesenfaß

Inhalt: 1700000 ltr.

SOUVENIRS

Woi'stubb
im
Zehntkeller
erbaut

Viel Sonne und die richtigen Böden lassen im größten zusammenhängenden Weinanbaugebiet Deutschlands kostbare Reben wachsen. Im 17. Jh. regierten von Grünstadt aus die Grafen von Leiningen das umliegende Land. Hierhin waren sie nach der Zerstörung ihrer Burgen in Altleiningen und Neuleiningen gezogen. Heute bildet die aufstrebende Stadt das Zentrum der Unterhaardt. Grünstadt gewinnt durch sein Industriegebiet zunehmend an Bedeutung. Beim „Weinwettstreit" im Oktober geht es um die edelsten Pfälzer Weine.

Beaucoup de soleil et des sols adéquats sont la recette pour les bons crus de la région viticole la plus étendue d'un seul tenant d'Allemagne. Au 17e siècle, les comtes de Leiningen régnaient sur la province depuis Grünstadt. Ils y avaient établi leur résidence après la destruction de leurs châteaux d'Altleiningen et de Neuleiningen. La ville en plein essor industriel est aujourd'hui le centre de la Haardt inférieure. En octobre, les plus nobles vins du Palatinat se disputent la première place à la «Compétition du Vin».

Precious vines are grown in this largest continuous wine-growing area of Germany thanks to lots of sun and suitable soils. The counts of Leiningen were lords of Grünstadt in the 17c where they moved to after their castles at Altleiningen and Neuleiningen were destroyed. Today, this growing town is the centre of the Unterhaardt. Grünstadt keeps growing in importance thanks to its industrial area; in October, the most noble Palatine wines are tested in a "wine competition".

Die „Blitzröhren" von Battenberg sind ein Natur-denkmal. Eisen- und kalkhaltiges Wasser hat hier den weichen Sandstein ausgespült und durch Ver-sinterung die Röhren gebildet. Entlang der Deut-schen Weinstraße liegen viele alte Weingüter, die meistens sehr einladend gestaltet sind. Schattige Hinterhöfe mit üppigem Blumenschmuck und überrankten Ecken laden zur Weinprobe direkt beim Winzer ein.

Les rochers de Battenberg sont un monument na-turel protégé. L'eau, contenant du fer et du calcai-re, a rongé la roche de grès tendre et formé ces cônes. Un grand nombre de vieux domaines viti-coles, la plupart à l'aspect très accueillant, longent La Route allemande du Vin. Des cours intérieures ombreuses, aux splendides décorations florales, invitent à la dégustation du vin directement chez le vigneron.

These "lightening rods" at Battenberg are pro-tected. Soft sandstone was washed away by water containing iron and chalk thus forming the pipes through sintering. Many old wine-growing estates can be found along the German Weinstraße, which are very inviting with their backyards full of shadow and flowers and corners to sit in and sample wine directly at source.

Das „Stabauslaufen" geht auf einen heidnischen Brauch zurück, bei dem symbolisch der Winter in Form einer riesigen Strohpuppe verbrannt wird, damit der Frühling Einzug halten kann. Auf einer Anhöhe, von der Autobahn aus gut sichtbar, erhebt sich die ehemalige Burg der Grafen von Leiningen, die aus dem 13. Jh. stammt. Das malerische Dorf mit seinen engen Gassen und restaurierten Fachwerkhäusern wird von einer gut erhaltenen Stadtbefestigung aus dem 15. Jh. umgeben.

La Fête de l'Hiver, appelée «Stabauslauf», remonte à une coutume païenne. On brûle symboliquement l'hiver sous forme d'une énorme poupée de paille afin de permettre au printemps d'arriver. Très visible depuis l'autoroute, l'ancien château des comtes de Leiningen, datant du 13e siècle, s'élève sur une hauteur. Une enceinte fortifiée bien conservée, bâtie au 15e siècle, entoure le village pittoresque doté de ruelles tortueuses et de maisons à colombages restaurées.

This ceremony goes back to a pagan custom in which the winter, in the shape of a huge straw doll, is burnt to allow spring to arrive. From the highway the former castle of the counts of Leiningen built in the 13c can be clearly seen on a hill. The picturesque village with the narrow lanes and restored half-timbered houses is surrounded by well-preserved fortifications of the 15c.

Der Wurstmarkt ist das bekannteste Pfälzische Volksfest. Die Ursprünge des Wurstmarktes gehen auf die Verköstigung von Wallfahrern zurück. Sie kamen nach Bad Dürkheim, um zur nahegelegenen Kapelle auf dem Michaelsberg zu pilgern. Die Winzer fuhren Schubkarren gefüllt mit Wein und Speisen hinauf, um die Pilger zu verköstigen. Bei den Weinfesten sind die „Schubkärchler" ein fester Bestandteil der fröhlichen Umzüge.

Le Marché aux saucisses «Wurstmarkt» est la plus populaire des fêtes palatines. L'origine de cette fête remonte à l'époque des pèlerins qui venaient à Bad Dürkheim visiter la chapelle proche du mont du Michaelsberg. Les vignerons leur apportaient des charrettes pleines de vin et de victuailles. Les «Schubkärchler» (brouettes) sont une institution traditionnelle des cortèges joyeux qui accompagnent les fêtes viticoles.

A well-known popular festival of the Palatinate is the "sausage market" which originated from the feeding of the pilgrims who came to Bad Dürkheim on their pilgrimage to the chapel on the Michaelsberg nearby. The wine growers brought the pilgrims wheelbarrows full of wine and food. These "Schubkärchler" are an integral part of any parade on a wine festival.

Bad Dürkheim hat sich den Ruf einer „Kurstadt mit Herz" erworben. Einst hatten auch hier und auf der nahen Hardenburg die Leininger Grafen residiert. Das nahegelegene Kloster Limburg war die Stammburg des salischen Hauses. In Bad Dürkheim wurde seit dem 16. Jh. Salz gewonnen. Im 19. Jh. entstand hier ein Solebad, die heutigen Salinen zeugen noch davon. Der Kurpark und die Spielbank geben der Stadt ein besonderes Flair.

Bad Dürkheim a acquis la réputation de «ville d'eau au grand cœur». Les comtes de Leiningen y ont autrefois résidé ainsi que dans la localité voisine de Hardenburg. Le cloître proche de Limburg est le berceau de la lignée salique. Le sel fut extrait à Bad Dürkheim dès le 16e siècle et une piscine d'eau salée y était déjà construise au 19e siècle. Les salines actuelles témoignent encore de cette époque. Le parc splendide de la station thermale et le casino apportent un cachet particulier à la ville.

Bad Dürkheim enjoys a reputation as a "resort with a heart". In the past it was the residence of the counts of Leiningen who lived here and at nearby Hardenburg Castle. Limburg Monastery, also close by, was the ancestral castle of the Salian dynasty. In the 16c, salt was found at Bad Dürkheim. A brine bath was built in the 19c of which the salt-works are a reminder. The spa gardens and the gambling casino give the town its special air.

Die ausgedehnten Wälder und viele Gelegenheiten unterwegs einzukehren, machen die Gegend um Bad Dürkheim zu einem beliebten Ausflugsziel. In Deidesheim sind Teile der Festungsmauer aus dem 14. Jh., das barocke Rathaus und die Pfarrkirche St. Ulrich sehenswert. Hier hat sich auch ein alter Brauch erhalten: Seit 1404 müssen die Bürger von Lambrecht an Deidesheim einen Geißbock stiften, wodurch Weiderechte abgegolten werden. Dieser Geißbock wird alljährlich am Pfingstdienstag vor dem Deidesheimer Rathaus versteigert.

Les vastes forêts et les nombreuses auberges font des environs de Bad Dürkheim un but d'excursion apprécié. Deidesheim est intéressante pour son enceinte du 14e siècle en partie conservée, son hôtel de ville baroque et son église paroissiale Saint-Ulrich. La ville a gardé une coutume ancienne: depuis 1404, les citoyens de Lambrecht sur Deidesheim doivent offrir un bouc afin d'acquitter les droits de pâture. Chaque année, le mardi de la Pentecôte, le bouc est mis aux enchères devant l'hôtel de ville de Deidesheim.

The environs of Bad Dürkheim with their spacious forests and many taverns are popular with visitors. At Deidesheim, remains of the fortified wall of the 14c, the Baroque town hall and the St. Ulrich Parish Church are worth a visit. An old custom has been preserved: Since 1404, the citizens of Lambrecht must send a billy-goat to Deidesheim as a payment for grazing. This billy-goat is sold in an annual auction on the first Tuesday after Pentecoast in front of the town hall of Deidesheim.

Der Pfälzer Wein hat trotz Vermarktungseinschränkungen und Umsatzrückgängen nicht an Bedeutung verloren. Wenn auch viele Winzer nur noch im Nebenerwerb tätig sind, so ist der Weinbau doch ein wichtiger Wirtschaftszweig geblieben. Meistens erfolgt die Weinlese heute voll automatisiert. Nur noch wenige Winzer lesen von Hand. Bei den Weinfesten werden Weingräfinnen und Weinprinzessinnen gewählt, die für den Pfälzer Wein werben.

Le vin du Palatinat est toujours aussi populaire malgré les restrictions de vente et la diminution des chiffres d'affaires. La viticulture est encore une branche économique importante même si beaucoup de vignerons ne la pratiquent qu'à temps partiel. Les vendanges sont aujourd'hui presque entièrement automatisées. Quelques rares vignerons seulement travaillent encore avec les méthodes traditionnelles. Aux fêtes du Vin, on couronne des princes et princesses du vin qui font de la publicité pour les crus du Palatinat.

In spite of restricted distribution and a decline in demand Palatine wine is still important. Although many wine growers grow their wine as an aside, wine growing has remained an important economic factor. Today, grape harvesting is nearly fully mechanized, only a few wine growers harvesting manually. A wine countess or a wine princess is crowned at wine festivals in order to promote Palatine wine.

Neustadt, Innenstadt

Neustadt bildet den Mittelpunkt der Deutschen Weinstraße. Hier findet all-jährlich im September das Deutsche Weinlesefest statt mit der Krönung der Deutschen Weinkönigin. In der Stiftskir-che, einer der eindrucksvollsten Kirchen der Pfalz, befinden sich Gräber der kur-fürstlichen Familie. Die Stadt hatte ihre Blütezeit in der 2. Hälfte des 16. Jahr-hunderts. Aus dieser Zeit stammen noch zahlreiche Patrizierhäuser.

Neustadt, Centre-ville

Neustadt est le cœur de la Route allemande du Vin. Chaque année, en septembre, la reine du vin y est couron-née à la Fête des Vendanges allemandes. L'église paroissiale, une des plus impres-sionnantes du Palatinat, abrite des tom-beaux de la famille des princes-élec-teurs. La ville a connu son apogée dans la deuxième moitié du 16e siècle, ce dont témoignent de nombreuses maisons patriciennes datant de cette période.

Neustadt, Town Centre

Neustadt is the centre of the German Weinstraße. It is here that the yearly German Vintage Festival takes place in September when the German wine queen is crowned. The collegiate church, one of the most impressive churches of the Palatinate, houses the tombs of the electoral family. The town reached its apex in the 2nd half of the 16c, and many a patrician houses date from this period.

Das Hambacher Schloß, eine Salierburg aus dem 11. Jh., wird als „Wiege der deutschen Demokratie" bezeichnet. 1832 versammelten sich hier freiheitlich gesonnene Menschen aus ganz Deutschland und dem benachbarten Frankreich. Das war die erste politische Volksversammlung der neueren deutschen Geschichte. Gemäß französischem Vorbild forderten die Bürger beim Hambacher Fest Einheit und Freiheit.

Le château de Hambach, construit par les Saliens au 11e siècle, est considéré comme le «berceau de la démocratie allemande». C'est ici, que des Allemands venus de tout le pays et des Français voisins se rassemblèrent pour appeler à la liberté. C'était le premier rassemblement politique du peuple dans la nouvelle histoire allemande. Suivant le modèle français, les citoyens présents à la manifestation de Hambach réclamèrent l'unité et la liberté.

Hambach Castle, a Salian castle of the 11c, is called the "cradle of German democracy". In 1832, freedom-loving people from all over Germany and neighbouring France came together at the castle in the first political popular gathering in modern German history. At this Hambach festival people asked to be granted unity and freedom like the French.

Maikammer ist berühmt für seine Weinlagen Alsterweiler, Kapellenberg, Kirchenstück, Immengarten und Heiligenberg. Hier wird vor allem Müller-Thurgau und Riesling angebaut. Auf dem Heiligenberg steht eine kleine Kapelle, umgeben von einem Meer aus Reben.

Maikammer est réputée pour ses vignobles Alsterweiler, Kapellenberg, Kirchenstück, Immengarten et Heiligenberg. On y cultive notamment le Müller-Thurgau et le Riesling. Une petite chapelle, noyée au milieu d'une mer de ceps, s'élève sur le Heiligenberg.

Maikammer is famous for the vineyards of Alsterweiler, Kapellenberg, Kirchenstück, Immengarten, and Heiligenberg where brands such as Müller-Thurgau and Riesling are grown. A small chapel in a sea of vines can be seen on the Heiligenberg.

Maikammer liegt am Fuß des 673 m hohen Bergs Kalmit. Von seinem Aussichtsturm hat man einen herrlichen Rundumblick. Dort hinauf führt die kurvenreiche „Totenkopfstraße", die besonders zur Zeit der Ginsterblüte ein Erlebnis ist. Maikammer selbst besitzt sehenswerte alte Wohn- und Winzerhäuser. Diese Häuser zeugen vom Wohlstand der Weinbauern. Die Rokoko-Pfarrkirche St. Cosmas und Damian stammt aus dem 18. Jh.

Maikammer se niche au pied du mont de la Kalmit, haut de 673 mètres. Une vue magnifique s'offre depuis sa tour panoramique que l'on atteint par une route très sinueuse dite la «Totenkopfstrasse», particulièrement belle à l'époque de la floraison des genêts. Maikammer possède de très belles demeures patriciennes et maisons de vignerons qui témoignent de la prospérité de ceux-ci. L'église paroissiale Saints Cosmas et Damian, a été construite dans le style baroque au 18e siècle.

Maikammer is situated at the foot of Kalmit Hill approximately 738 yd high. The view from the observation tower on the top is magnificient. The winding "Totenkopfstraße" leading up to it must be seen, particularly when the broom is in blossom. At Maikammer several old residential and wine-grower houses, witnesses to the wealth of the wine growers, are worth a visit. The Rococo St. Cosmas and Damian Parish Church is from the 18c.

Blumenumrankte Rundbögen bilden den typischen Eingang zu einem Pfälzer Weingut. Anläßlich der Fronleichnamsprozession werden die Winzerhöfe mit herrlichen Blumenarrangements geschmückt. In Maikammer trifft sich traditionsgemäß die Weinbruderschaft der Pfalz. Diese Vereinigung kümmert sich um alle Belange des Pfälzer Weins. Sie hat maßgeblichen Einfluß darauf, daß nur gebiets-, jahrgangs- und sortentypische Weine gekeltert werden.

Un porche entouré de fleurs grimpantes est l'entrée typique d'une maison vigneronne palatine. Des décorations florales splendides envahissent les cours des maisons à l'occasion de la procession de la Fête-Dieu. Selon la tradition, la Fraternité des Vignerons du Palatinat se rencontre à Maikammer. Cette société s'occupe de tout ce qui concerne le vin de la région. Elle dicte pratiquement quels vins de tels coteau, année et sorte peuvent être pressés.

The typical entrance to a wine-growing estate in the Palatinate has got round arches bordered by flower garlands. For the procession on Corpus Christi all wine-growing estates are decorated with beautiful flower arrangements. The Wine Brotherhood of the Palatinate, which takes care of all matters concerning Palatine wine, traditionally meets at Maikammer. It looks to it that only wines typical of a particular area, vintage, and brand are pressed.

Die einstige Ritterfestung Kropsburg stammt aus dem 13. Jh..Sie wechselte häufig ihre Herren, bis sie im Mittelalter in den Besitz der Familie von Dalberg überging. Die im 17. Jh. zerstörte Kropsburg wurde wiederaufgebaut. Quader des ursprünglichen, oberen Teils wurden zum Bau der Festung Germersheim verwendet. Die heutige, bewirtschaftete Kropsburg besteht aus einer Ober- und Unterburg.

L'ancien château-fort de Kropsburg date du 13e siècle. Il changea souvent d'occupants avant d'appartenir à la famille von Dalberg au moyen-age. Détruit au 17e siècle, le Kropsburg fut rebâti plus tard. Des pierres de taille, provenant de la partie supérieure de l'édifice d'origine, furent utilisées dans la construction de la forteresse de Germersheim. Le Kropsburg actuel, transformé en hôtel, est composé d'un bâtiment inférieur et supérieur.

Kropsburg, formerly the haunt of a knight, is of the 13c, frequently changing hands until acquired by the Dalberg family in the Middle Ages. Destroyed in the 17c, Kropsburg was rebuilt. Blocks of the upper part of the original castle were re-used when constructing Germersheim Castle. At present Kropsburg, which is used as a restaurant, consists of an upper and a lower castle.

Schutzpatron St.Martin

St. Martin zählt zu den schönsten Ortschaften an der Deutschen Weinstraße.
Der Ortskern besteht überwiegend aus
Fachwerkhäusern des 16. bis 18. Jh., die
reichhaltig mit Figuren und Erkern ver-
ziert sind. Sehenswert ist der „Briefmar-
kenerker" in der Mühlstraße. Dieser
schöne Fachwerkerker diente als Vor-
lage für eine Briefmarke. Der Ort und die
Pfarrkirche sind dem heiligen Martinus
geweiht. Zu seinen Ehren findet alljährlich im November eine Prozession statt.

Partron St.Martin

Saint-Martin est une des plus jolies
localités de la Route allemande du Vin.
Son cœur se compose principalement
de maisons à colombages construites
entre les 16e et 18e siècles, richement
décorées de sculptures et encorbelle-
ments. A voir est le bel «encorbellement
de timbre -poste», dans la Mühlstrasse,
qui a été reproduit sur un timbre. La
petite ville et son église paroissiale sont
dédiées à Saint-Martin en l'honneur
duquel une procession a lieu chaque
novembre.

Patron Saint Martin

St. Martin is considered one of the
most beautiful places on the German
Weinstraße, its centre consisting mainly
of half-timbered houses of the 16c
to 18c, generously embellished with
figures and bay windows. The "Briefmar-
kenerker" on Mühlstraße, which served
as a modell for a stamp, is worth a look.
Both the place and its parish church are
dedicated to Saint Martin, a procession in
his honour taking place every year in
November.

Edenkoben blickt auf eine lange Geschichte zurück. Alte Winzerhäuser und besonders das ehemalige Zisterzienserinnenkloster Heilsbruck aus dem 13. Jh. mit seinem Holzfaß-Weinkeller zeugen davon. Die Silhouette der Stadt wird bestimmt durch die protestantische Barockkirche und die katholische Pfarrkirche. In den Weinbergen oberhalb der Stadt liegt „Villa Ludwigshöhe". Sie wurde im 18. Jh. als Landsitz für den Bayernkönig Ludwig I. erbaut. In dem Schloß ist eine Gemäldesammlung des Impressionisten Max Slevogt ausgestellt.

Edenkoben a un long passé, ainsi qu'en témoignent les vieilles maisons vigneronnes et l'ancien couvent de Cisterciennes de Heilsbruck, datant du 13e siècle, qui abrite une cave à vins avec des tonneaux en bois. L'église baroque protestante et l'église paroissiale catholique dominent la physionomie de la ville. La villa Ludwigshöhe se dresse dans les vignes . Elle a été construite au 18e siècle comme résidence d'été du roi Louis 1. de Bavière. Le château renferme une collection de peintures de l'impressionniste Max Slevogt.

The long history of Edenkoben is attested to by old wine-growers' houses and, more particularly, by the former Cistercian convent of Heilsbruck from the 13c which has got a wine cellar full of wooden barrels. The Protestant Baroque church and the Catholic parish church give the town its characteristic outline. Built in the 18c as a country residence for Bavarian King Louis I, "Villa Ludwigshöhe" is situated in the middle of vineyards above the town. The palace is home to an exhibition of the works by impressionist artist Max Slevogt.

Rhodt unter Rietburg gilt als eines der schönsten Dörfer an der Deutschen Weinstraße. Hier findet man die ältesten im Ertrag stehenden Weinstöcke Deutschlands. Sie wurden vor über 360 Jahren angepflanzt und tragen heute noch Traminer-Trauben. Die Aussichtsterrasse auf der Rietburg ist die wohl schönste der Pfalz. Die Aussicht bei schönem Wetter muß erlebt werden!

Rhodt unter Rietburg est un des plus jolis villages de la Route allemande du Vin. C'est à cet endroit que poussent les plus anciennes vignes d'Allemagne. Plantées il y a plus de 360 ans, elles portent encore la variété de raisin «Traminer». La terrasse panoramique du château de Rietburg est considérée comme la plus belle du Palatinat. Sa vue splendide est un véritable plaisir des yeux par beau temps!

Rhodt unter Rietburg is considered one of the loveliest villages along the German Weinstraße. It has got the oldest vines of all Germany which were planted over 360 years ago still giving Traminer grapes. The observation terrace on Rietburg Castle must be the greatest of the Palatinate. Looking down from it on a beautiful day is a must!

Alljährlich an einem Sonntag im August wird die Deutsche Weinstraße für den Autoverkehr gesperrt. Radfahrer und Fußgänger bevölkern dann diese Straße. Die ganze Region verwandelt sich in ein riesiges Weinfest, unzählige Stände bieten Wein und Pfälzische Spezialitäten an. In der Rhodter Theresienstraße reiht sich ein schmuckes Winzerhaus an das andere. Die blumengeschmückten Häuser muten an heißen Sonnentagen geradezu südländisch an.

Chaque année, la Route allemande du Vin est fermée à la circulation routière durant un dimanche d'août. Piétons et cyclistes envahissent alors la chaussée. La région entière se transforme en une immense fête du vin où de multiples stands offrent vins et spécialités gastronomiques du Palatinat. Les maisons vigneronnes pittoresques se succèdent dans la Theresienstrasse à Rhodt. Par les journées chaudes d'été, une atmosphère typiquement méridionale se dégage des demeures fleuries.

Once a year on a Sunday in August, the German Weinstraße is closed to traffic while cyclists and pedestrians take over the road. The entire region celebrates one huge wine festival where wine and Palatine specialities are offered at countless stands. On Theresienstraße at Rhodt one charming wine-grower house comes after the other. On a hot, sunny day these houses with their flower decorations look quite Mediterranean.

Landau ist das Zentrum der Südpfalz. Gegründet wurde die Stadt im 13. Jh.. Das Deutsche und das Französische Tor sowie Teile der Stadtbefestigung sind erhalten geblieben. Der Rathausplatz, früher ein weiträumiger Waffen- und Paradeplatz, wurde einladend umgestaltet. Den Platz säumen das Böcking'sche Haus mit seiner frühklassizistischen Fas-sade und das ehemals Städtische Kaufhaus. Das Reiterstandbild auf dem Rathausplatz zeigt Prinz-regent Luitpold v. Bayern.

Landau, fondée au 13e siècle, est le centre du Sud du Palatinat. La ville a conservé une partie de ses fortifications ainsi que la Porte française et la Porte allemande. La place de l'Hôtel de Ville, autrefois place d'armes, a aujourd'hui un aspect très accueillant. Elle est bordée de la maison «Böcking» à la façade classique et de l'ancien magasin municipal transformé en salle de théâtre et de concerts dès 1838. La statue équestre sur la place montre la prince-régent Luitpold 5. de Bavière.

Founded in the 13c, Landau is the centre of the Southern Palatinate. Both the German and the French Gate as well as part of the town fortifications are still intact. The large square in front of town hall, formerly used as armoury and parade grounds, was remodelled to look more attractive. It is flanked by the Böcking house, which has got an early Classic façade, and the former urban department store which was changed into a concert and theatre hall as early as 1838. The equestrian statue on town-hall square is of Prince Regent Luitpold of Bavaria.

Burg Trifels erhebt sich hoch über Annweiler. Zusammen mit den Ruinen Anebos und Scharfenberg bildet sie das so im Volksmund bezeichnete Burgendreigestirn. Im Sommer finden bei Kerzenschein im Kaisersaal der Burg Trifels Serenadenkonzerte statt. Die Burg wurde von den Staufern erbaut und beinhaltete zeitweise die Reichskleinodien der Herrscher: Reichsapfel, Schwert, Zepter, Kreuz und Krone. Die Nachbildungen können in der Burg besichtigt werden.

Le château Trifels domine le village d'Annweiler. Avec les ruines d'Anebos et de Scharfenberg, il forme les «trois châteaux-mages», selon un dicton populaire. En été, des concerts ont lieu, à la lumière de chandelles, dans la salle de l'Empereur. Le château Trifels, construit par les Staufen, a parfois abrité les insignes impériaux des souverains: le globe impérial, l'épée, le sceptre, la croix et la couronne. On peut en voir les reproductions au château.

With the ruins of Anebos and Scharfenberg Trifels Castle, towering high over Annweiler, forms the so-called castle triade. Serenade concerts in candle light are given in the imperial hall of Trifels Castle in the summer. The castle was built by the Staufers, temporarily housing the imperial jewels of the ruler such as orb, sword, sceptre, cross, and his crown, reproductions of which are on view at the castle.

Annweiler, Altstadtpartie

Annweiler ist nach Speyer die zweit-
älteste Stadt der Pfalz. Die Stadtrechte
erhielt der Ort bereits 1219. Annweiler
besitzt entlang der Queich malerische,
blumengeschmückte Straßenzüge mit
eindrucksvollen Fachwerkhäusern.

Annweiler, Vieille Ville

Annweiler est la plus ancienne ville du
Palatinat après Spire (Speyer). La localité
a reçu ses droits de ville dès 1219. Le
long de la Queich, des rues pittoresques
et fleuries, bordées de remarquables
maisons à colombages, offrent de jolies
promenades.

Annweiler, Old Town

After Speyer, Annweiler is the second oldest town of the Palatinate being chartered as early as 1219. Annweiler has got
several picturesque streets along the
Queich which are adorned with flowers
and flanked by impressive half-timbered
houses.

Der Asselstein ist ein markanter Buntsandstein-felsen in der Nähe von Annweiler, der weit über den umliegenden Wald hinausragt. Ein typischer Pfälzer Kletterfelsen, der besonders an Wochenen-den sportliche Freikletterer und unzählige Zu-schauer anlockt.

Près d'Annweiler, le rocher en grès impres-sion-nant appelé Asselstein domine toute la forêt envi-ronnante. L'Asselstein est un rocher typique d'es-calade comme on en trouve plusieurs dans la région. Les week-ends surtout, il attire de nom-breux visiteurs tandis que les alpinistes amateurs le prennent d'assaut.

The Asselstein is a remarkable new red sandstone rock next to Annweiler towering high above the surrounding forest. It is one of the typical rock formations suitable for climbing which attracts freelance climbers and lots of onlookers on a weekend.

Sehenswert in Leinsweiler sind die Martinskirche aus dem 13. Jh., das Rathaus und der Drei-Röhren-Brunnen. Über Leinsweiler erhebt sich die Burgruine Neukastell mit dem Schloßgut. Hier im „Slevogthof" hat der Maler Max Slevogt (1868-1932) gewohnt. Die Wandmalereien im Musikzimmer und die Deckengemälde der Bibliothek gehören zu den berühmtesten Bildern des Impressionisten. In Billigheim-Ingenheim findet alljährlich im September der Purzelmarkt mit Reitturnieren und zahlreiche Wettkämpfen statt.

Leinsweiler a été mentionnée pour la première fois en 760. A voir sont l'église Saint Martin du 13e siècle, l'hôtel de ville et la fontaine à trois jets. Le fort en ruine de Neukastell et le domaine du château dominent la localité. Le domaine «Slevogthof» fut la résidence du peintre Max Slevogt (1868 -1932). Les fresques des murs de la salle de musique et du plafond de la bibliothque sont de célèbres peintures impressionnistes. En septembre, la fête du «Purzelmarkt», avec des tournois et autres jeux, se déroule à Billigheim-Ingenheim.

At Leinsweiler, St. Martin's church of the 13c, town hall, and the well with three pipes are all worth a visit. The castle ruin of Neukastell together with the castle estate look down on Leinsweiler, and it is the "Slevogthof" which painter Max Slevogt (1868—1932) made his residence. The wall paintings in the music room and that on the ceiling in the library are among the most famous works by the impressionist. Each year in September there is a "Purzelmarkt" with horse shows and numerous competitions.

Seine Entstehung verdankt Klingenmünster einem ehemaligen Benediktinerkloster, von dem man heute noch die Klosterkirche aus dem 11. Jh. besichtigen kann. Das Kloster selbst stammt aus dem 7. Jh.. Auf einer Anhöhe über dem Klingbachtal erhebt sich die Burg Landeck.

Klingenmünster doit sa fondation à un ancien cloître de Bénédictins construit au 7e siècle. Aujourd'hui, on peut encore en visiter l'église datant du 11e siècle. Le château Landeck s'élève sur une hauteur au-dessus de la vallée du Klingbachtal.

Klingenmünster owes its existence to a former Benedictine monastery the church of which, from the 11c, can still be seen. The monastery is from the 7c. Landeck Castle is situated on a hill over the Klingbach Valley.

Der Name Bad Bergzabern stammt von Siedlern aus Zabern am Rhein, die hier im 12. Jh. den Ort gründeten. Eine Festung entstand, die jedoch zusammen mit der Stadt im 17. Jh. in einem großen Brand zerstört wurde. Heute ist Bad Bergzabern als heilklimatischer Kurort und Thermalbad bekannt. Sehenswert sind das ehemalige Schloß der Herzöge von Zweibrücken, das auf dem Platz eines ehemaligen Wasserschlosses erbaut wurde sowie die Innenstadt mit ihrer neu gestalteten Fußgängerzone und den noblen Patrizierhäusern.

Bad Bergzabern doit son nom à des émigrés originaires de Saverne (Zabern) en Alsace qui fondèrent la localité au 12e siècle. Au 17e siècle, un grand incendie détruisit la ville entourée de fortifications. Aujourd'hui, Bad Bergzabern est connue comme station climatique et thermale. A voir sont l'ancien château des ducs de Zweibrücken, construit à l'emplacement d'un château entouré d'eau ainsi que le centre ville avec de belles maisons patriciennes et des zones piétonnières nouvellement aménagées.

The name Bad Bergzabern goes back to settlers from Zabern on the Rhine who established the place in the 12c. A fortress was built, but it was destroyed together with the town in a big fire in the 17c. Today, Bad Bergzabern enjoys a reputation as a spa and thermal bath with a healthy climate. The former palace of the dukes of Zweibrücken, built on the site of a former castle surrounded by water, the town centre with a remodelled pedestrian precinct, and noble patrician houses are all worth visiting.

Dörrenbach hat ein besonders malerisches Ortsbild mit Fachwerkhäusern. Aus dem 16. Jh. sind das Rathaus und die Wehrkirche erhalten. Das Rathaus ist im Renaissance-Stil erbaut und mit zahlreichen Schnitzereien geschmückt. Die Wehrkirche liegt inmitten eines befestigten Friedhofs. Weithin bekannt ist das 1955 wieder aufgebaute Deutsche Weintor in Schweigen, das nahe der französichen Grenze den südlichen Abschluß der Deutschen Weinstraße bildet.

Dörrenbach présente une physionomie particulièrement pittoresque avec ses maisons à pans de bois, un hôtel de ville et une église fortifiée du 16e siècle. L'hôtel de ville, construit en style Renaissance est décoré de nombreuses sculptures. L'église fortifiée se dresse au milieu d'un cimetière entouré d'une enceinte. La Porte allemande du Vin à Schweigen, reconstruite en 1955, ferme la Route allemande du Vin en son Sud, près de la frontière française.

Dörrenbach is proud of its especially picturesque look which it owes to the half-timbered houses, its town hall of the 16c, and a fortified church. The Renaissance town hall is decorated by numerous carvings. The fortified church sits in the middle of a fortified cemetary. The German Wine Gate of Schweigen, rebuilt in 1955, which stands at the southern end of the German Weinstraße near the French border, is well known.

Berwartstein in Erlenbach bei Dahn ist die wieder-
aufgebaute und bewohnte Felsenburg des einsti-
gen Ritters von Trott. Im südlichen Pfälzerwald be-
stimmen seit jeher rotleuchtende Felsgebilde aus
Buntsandstein das Bild. Die Felsenburgen im
Wasgau sind beeindruckende Zeugen für den
Festungsbau der Staufer. Der Fels diente ihnen als
Fundament für die mächtigen Burgen. Sie gruben
weitere Kammern und Gänge in den weichen
Buntsandstein und errichteten darüber die eigent-
lichen Burgen.

Berwartstein à Erlenbach près de Dahn est le château-fort reconstruit et encore habité aujourd'hui
des anciens chevaliers de Trott. Depuis toujours, un
paysage de rochers en grès rouge rehausse le Sud
de la Forêt du Palatinat. Des châteaux-forts massifs
étaient bâtis autrefois sur ces rochers. Les forts impressionnants du Wasgau rappellent l'architecture
de la lignée des Staufen. La roche servait de fondation. Des salles et corridors étaient creusés dans le
grès tendre et les édifices bâtis au-dessus.

Berwartstein at Erlenbach near Dahn, a rock castle
of the former knight von Trott, has been rebuilt.
The glowing new red sandstone formations have
always been the hallmark of the southern Pfälzerwald on which mighty castles were built. The rock
castles in the Wasgau serve as an impressive exam-
ple of fortified building by the Staufers who used
the rock as their foundations. First, chambers and
corridors were carved out of the soft new red sandstone, over them the actual castle was built.

Die Dahner Burgen Altdahn, Grafendahn und Tanstein sind typische Felsenburgen. Von der ehemals majestätischen Burganlage sind nur noch Ruinen erhalten geblieben. Altdahn ist die älteste der Dahner Burgen. Sie wurde erstmals 1127 urkundlich erwähnt. Grafendahn stammt aus dem Jahr 1287. Die kleine Burg Tanstein, 1328 errichtet, war Ort eines geschichtsträchtigen Ereignisses: Die Sickingische Fehde leitete 200 Jahre später das Ende der Ritterzeit in Deutschland ein.

A Dahn, les châteaux Altdahn, Grafendahn et Tanstein sont des exemples typiques de châteaux taillés dans le roc. Il ne reste plus que des ruines des anciens édifices majestueux. Altdahn est le plus vieux d'entre eux, mentionné pour la première fois dans un document de 1127. Grafendahn fut bâti en 1287. Le petit château de Tanstein, construit en 1328, fut la scène d'une page importante d'histoire: celle des querelles des Sickingen qui provoquèrent, 200 ans plus tard, la fin de l'ère des chevaliers en Allemagne.

The castles at Altdahn, Grafendahn, and Tanstein are typical rock castles; however, only ruins of the previously majestic complexes have remained. First documented in 1127, Altdahn is the oldest of the Dahn castles. Grafendahn is from the year 1287, and smaller Tanstein castle, built in 1328, was the site of a historical event: 200 years later it was the feud of Sickingen that tolled the bell for the knights' era in Germany.

Dahn liegt im Wasgau, einem waldreichen Gebiet im südlichen Pfälzerwald. In der Umgebung des Ortes trifft man auf imposante Buntsandsteinfelsen und kann die Ruinen einst mächtiger Felsenburgen besichtigen.

Dahn est située dans le Wasgau, une partie très boisée du Sud de la région dite Forêt du Palatinat (Pfälzerwald). D'imposants rochers de grès parsèment les environs de la localité. On peut également y visiter les ruines majestueuses d'un ancien château taillé dans le roc.

Dahn is located in the Wasgau, an area rich with forests in the southern Pfälzerwald. Imposing new red sandstone rocks and the ruins of formerly mighty rock castles can be seen here.

Hinterweidenthal, „Teufelstisch"

Dieser Buntsandsteinfelsen ist charakteristisch für den Wasgau und der wohl bekannteste Felsen der Pfalz. Die bizarren Formen der Buntsandsteinfelsen im Wasgau regen die Phantasie an und sorgten vielleicht auch deshalb für Namen wie Teufelstisch, Braut und Bräutigam, Drachenfels und Jungfernsprung.

Hinterweidenthal, «Teufelstisch»

Ces rochers en grès sont caractéristiques pour le Wasgau et sans doute les plus connus du Palatinat. Leurs formes bizarres avivent l'imagination et c'est peut-être pourquoi ils portent des noms tels Table du Diable (Teufelstisch), les Jeunes Mariés (Braut und Bräutigam), Dragon (Drachenfels) et Saut de la Vierge (Jungfernsprung).

Hinterweidenthal, "Teufelstisch"

This new red sandstone rock, probably the most well known of its kind in the Palatinate, is typical of the Wasgau. The strange new red sandstone rock formations in the Wasgau stimulated people's imagination which might be the source of names such as "Devil's Table", "Bride and Bridegroom", "Dragon's Rock" and "The Virgin's Bound".

Pirmasens ist eine bedeutende Stadt in der Westpfalz. Sie gewann an Bedeutung, als Ludwig IX. sie zur Garnisonsstadt ausbaute und hier auch residierte. Schon zu Beginn des 19. Jh. wurden in Pirmasens Schuhe hergestellt. Ihren Ruf als Schuhstadt behielt Pirmasens bis heute bei. Das Schuhmuseum mit seiner alten Schuhmacherwerkstatt gibt Einblick in das alte Handwerk. Deftig sind die kulinarischen Pfälzer Spezialitäten, sei es Pfälzer Saumagen mit Kraut, Gans gefüllt mit Eßkastanien oder Zwiebelkuchen mit neuem Wein.

Pirmasens est une ville importante du Palatinat occidental. Elle se développa quand Louis IX la transforma en ville de garnison et y résida. Une fabrique de chaussures y fut fondée dès le début du 19e siècle. Pirmasens est encore aujourd'hui connue comme «ville de la chaussure». Le musée de la Chaussure avec un ancien atelier de cordonnier, donne un aperçu de l'artisanat d'autrefois. Les spécialités culinaires palatines offrent une cuisine solide: panse de porc à la choucroute, oie fourrée aux châtaignes ou tarte à l'oignon au vin nouveau.

Pirmasens in the Western Palatinate is an important city, gaining in importance when Louis IX enlarged it to make it a garrison town. Shoes were made at Pirmasens as early as the 19c, and it has kept its reputation as a shoe centre until today. The visitor will better understand the art of shoemaking after a visit to the local Shoe Museum. The specialities of Palatine cooking such as "Pfälzer Saumagen" with cabbage, goose filled with sweet chestnuts or onion cake and new wine are on the hearty side.

Im 12. Jahrhundert bauten die Grafen von Saarbrücken hier ein Wasserschloß, um zwei wichtige Brücken der ehemaligen Salzstraße zu schützen. Zweibrücken ist bekannt als „Stadt der Rosen und der Rosse". Der 5 ha große Rosengarten gehört zu den bedeutendsten seiner Art in ganz Europa. Im 18. Jahrhundert hatte die Stadt ihre Glanzzeit. Zu dieser Zeit entstand auch das Gestüt, das heute noch existiert.

Au 12e siècle, les comtes de Sarrebruck bâtirent ici un château entouré d'eau et deux ponts importants qui devaient protéger l'ancienne route du sel. Zweibrücken est connue comme «la ville des roses et des chevaux». La roseraie de 5 hectares est une des plus grandes d'Europe. La ville connut son apogée au 18e siècle, époque à laquelle fut fondé le haras qui existe encore aujourd'hui.

In the 12c, the counts of Saarbrücken built a castle surrounded by water to protect two important bridges on the former salt road. Zweibrücken is renowned as a "town of roses and horses", its rose garden covering an area of about 12,000 ac is one of the best known of its kind in all of Europe. The town had reached its pinnacle in the 18c, the stud farm which exists to this day, was established then.

Landstuhl liegt am Rand der Westpfälzischen Moorniederung. Es wurde als Moorbad bekannt und ist ein anerkannter Erholungsort. Auf Burg Nanstein, welche die Stadt überragt, erlag der Ritter Franz von Sickingen seinen Verletzungen, die er sich in einem Kampf zuzog. Sein Grabmal ist in der Pfarrkiche St. Andreas.

Landstuhl s'étend à la lisière des tourbières du Palatinat occidental. La ville est une station de cure, réputée pour ses bains de boue. Le château de Nanstein domine la ville; le chevalier de Sickingen y succomba à ses blessures après l'avoir défendu contre ses ennemis. Son tombeau se trouve dans l'église paroissiale Saint André.

Landstuhl, a known mud-bath and a recognized spa, is located at the edge of the marsh valley in the western Palatinate. Knight Franz von Sickingen died of his wounds from a fight at Nanstein Castle towering high over the town. He is buried in the St. Andrew's Parish Church.

Die Wälder rund um Trippstadt waren das Jagd-gebiet des vielbesungenen „Jäger aus Kurpfalz", des Pfalzgrafen Johann Kasimir. Westlich von Trippstadt liegt unterhalb der Burg Wildenstein das Karlstal. Es ist eine beeindruckende Schlucht, die von Wald umgeben ist. Der Bachlauf der Moosalbe, die sich ihren Weg durch das Karlstal bahnt, ist von Felsbrocken übersät. Ein weniger bekanntes Aus-flugsziel ist der Sippersfelder Weiher bei Ramsen, der zu Kutschfahrten und Wanderungen einlädt.

Les forêts autour de Trippstadt étaient les chasses du comte palatin Johann Kasimir, héros d'une chanson célèbre «le chasseur du Palatinat». Le Karlstal, un ravin impressionnant entouré de fo-rêts, s'étend sous le château Wildenstein, à l'Ouest de Trippstadt. Des rochers jonchent le cours de la Moosalbe qui se fraye un passage à travers le Karlstal. Un but d'excursion moins connu est l'étang de Sippersfeld près de Ramsen où l'on peut faire de belles randonnées en calèche ou à pied.

The forests in the environs of Trippstadt served as hunting grounds to the "Hunter of the Palatinate" of the well-known German song, i.e. of Count Palatine Johan Kasimir. The Karlstal, an impressive gorge in the midst of a forest, can be found below Wildenstein Castle west of Trippstadt. The bed of the brook of Moosalbe winding its way through the Karlstal is strewn with lumps of rock. Sippersfeld Pond next to Ramsen invitingly waiting for hikers and carriages is less known among visitors.

Kaiserslautern liegt an einer wichtigen Handelsverbindung, die von Paris nach Worms und Mainz führte. Kaiser Barbarossa errichtete hier im 12. Jh. eine Kaiserpfalz. „Barbarossastadt" wird Kaiserslautern deshalb heute noch genannt. Nach mehrfacher Zerstörung der Stadt gewann im 19. Jh. die Industrie zunehmend an Bedeutung. 1970 erhielt Kaiserslautern eine eigene Universität. Kaiserslautern ist die zweitgrößte Stadt der Pfalz.

Kaiserslautern est située sur une route marchande importante qui reliait Paris à Worms et Mayence. L'empereur Barberousse y érigea un palais impérial au 12e siècle. Aujourd'hui, Kaiserslautern est encore appelée «la ville de Barberousse». Elle devint ville industrielle au 19e siècle après avoir été ravagée plusieurs fois. Une université y a été construite en 1970. Kaiserslautern est aujourd'hui la seconde ville du Palatinat.

Kaiserslautern is situated at an important commercial crossing leading from Paris to Worms and Mainz. In the 12c, Emperor Barbarossa built an imperial palace here, that is why Kaiserslautern is called "Barbarossa's city" until this day. After having repeatedly been destroyed the city grew in importance in the 19c. In 1970, a university was inaugurated at Kaiserslautern, and today it is the second city of the Palatinate.

Das Pfalztheater, das Philharmonie-Orchester Pfalz und eine bedeutende Gemäldesammlung in der Pfalzgalerie tragen dazu bei, daß Kaiserslautern der kulturelle Mittelpunkt der Pfalz ist. In Kaiserslautern steht eines der höchsten Rathäuser Deutschlands. In dessen unmittelbarer Nähe sind Teile der Barbarossaburg und die Ruinen der Burg des Pfalzgrafen Johann Kasimir erhalten geblieben.

Le théâtre du Palatinat, l'Orchestre philharmonique du Palatinat et une collection importante à la Galerie du Palatinat ont contribué à faire de Kaiserslautern le coeur culturel du Palatinat. La ville possède une des plus hautes mairies d'Allemagne. A proximité, s'élèvent des parties du château de Barberousse et les ruines du château du comte palatin Johann Kasimir.

Thanks to the Palatine Theatre, the Palatine Philharmony, and an important picture collection at the Palatine Gallery Kaiserslautern is regarded as the cultural centre of the Palatinate. The city has got one of the tallest town halls of Germany, next to it parts of Barbarossa's Castle and the ruins of the castle of Count Palatine Johan Kasimir can be seen.

Kusel ist das Zentrum des Musikantenlandes. Der Name „Musikantenland" rührt von der großen Zahl von Wandermusikanten her, die nur so ihre Familien ernähren konnten. Ein Museum auf der Burg Lichtenberg, einer der größten Burganlagen Deutschlands, berichtet über diese Region.

Kusel est le centre du pays des troubadours. Le nom «pays des troubadours» rappelle les nombreux musiciens ambulants qui voyageaient pour pouvoir nourrir leur famille. L'histoire de la région est racontée au musée qu'abrite le Lichtenberg, un des plus grands châteaux d'Allemagne.

Kusel is the centre of the "country of musicians", a designation which comes from the large number of itinerant musicians who barely managed to support their families. A museum at Lichtenberg Castle, regarded as one of the largest castle complexes of Germany, documents the region.

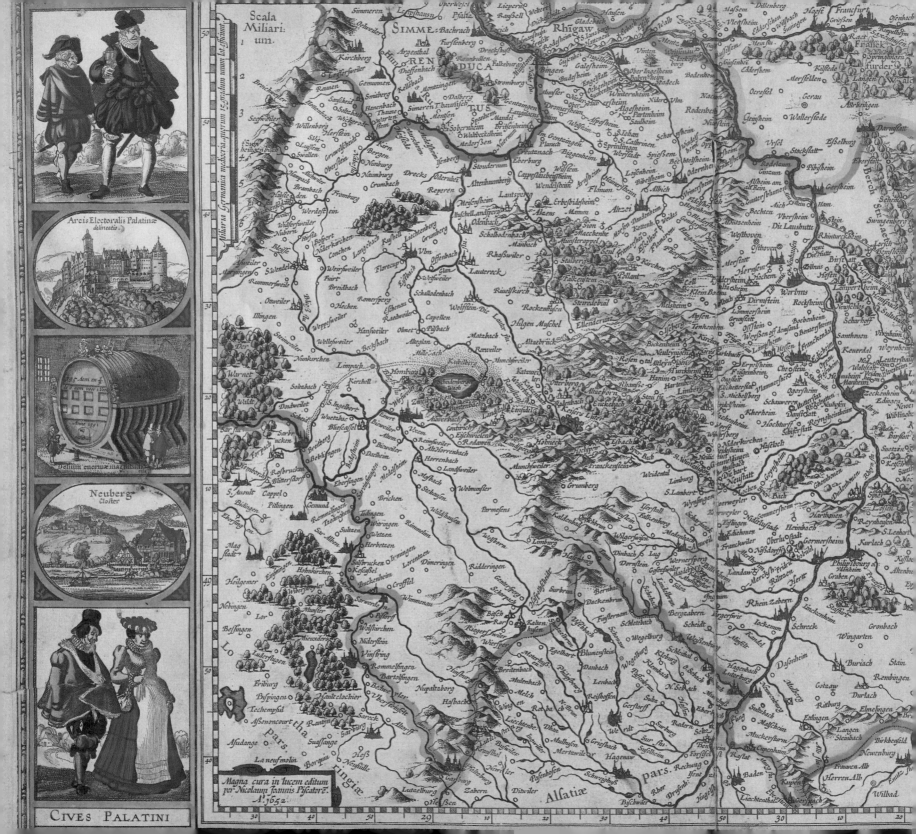

Scala
Miliari:
um.

Arcis Electoralis Palatinæ
delineatio.

Neuberg
Closter

CIVES PALATINI

Magna cura in lucem editum
per Nicolaum Joannis Piscatorē.
Aᵒ 1652

SIMME-Bachrach

Alsatiæ

pars Rechung